Annika Böhme

Garten der Euphorie

AF282352

ANNIKA BÖHME

Garten der Euphorie

Poesie

Bibliografische Information der Deutschen Nationalbibliothek: Die Deutsche Nationalbibliothek verzeichnet diese Publikation in der Deutschen Nationalbibliografie; detaillierte bibliografische Daten sind im Internet über http://dnb.dnb.de abrufbar.

Lektorat: Änne Böhme
Korrektorat: Änne Böhme, Annika Böhme
Setzer: Annika Böhme
Illustrationen: Annika Böhme
Umschlaggestaltung: Luong Duc Manh

Verlag: BoD · Books on Demand GmbH, In de Tarpen 42, 22848 Norderstedt

Druck: Libri Plureos GmbH, Friedensallee 273, 22763 Hamburg

ISBN: 978-3-7597-9260-0

Ein warmer Wind durchspült die Felder
und Schwäne tanzen auf dem See.
Vogelgezwitscher durchzieht die Wälder
und keine Spur von Schreck und Weh.
Ein Blätterrauschen kitzelt in Ohren
und Seifenblasen glitzern im Licht.
Hab mich im Malen der Blumen verloren
und fand mich wieder in einem Gedicht.
Milch und Honig fließt durch den Fluss
und wahr wird jede Fantasie.
Warm ist jeder Regenguss,
hier im Garten der Euphorie.

Erde Luft Wasser Feuer

Wenn die letzte Frucht gegessen
und der letzte Baum gefällt,
wurd der letzte Sarg vermessen,
war der letzte Krieg der Welt
wird es blühen und stattdessen
werden Tore aufgestellt
und ein Garten ward vergessen,
strahlt erneut zum Himmelszelt.

Dort im Garten wirst du's finden:
kristallines Flügelpaar,
zwischen Moos und Pilzen winden
sie sich funkelnd, flattrig, rar.
Elemente sich verbinden.
Deine Augen sehen klar.
Kurz drauf mögen sie verschwinden.
Glaub was du siehst, es ist wahr.

Auf den erdig weichen Wegen
laufen meine Füße lang
und kein Erdrutsch oder Beben
macht sie wackelig noch bang,
könnt sie von der Fläche fegen,
denn gefestigt ist ihr Gang
und das Ziel in ihrem Leben.
Jeder Schritt Musik und Klang.

In den Lüften will ich fliegen,
Schwerelosigkeit erfreut,
mich in weichen Wolken wiegen.
Jeder Flügelschlag erneut
lässt mich immer wieder siegen,
hab noch keinen Sturm bereut.
Werd Gewittern nicht erliegen,
irgendwann, doch niemals heut.

Lasst mich durch Gewässer treiben,
reingewaschen jedes Glied.
Hier bin ich, hier darf ich bleiben,
jeder Strom mich mit sich zieht.
Losgelassen, fließen, leiben,
rausgespült, was ich sonst mied.
Schimpf und Schande wird sich zeigen.
Meere, singt ein neues Lied!

Feuer wartet da am Ende,
zieht in meine Seele ein.
Lege es in fremde Hände.
Wie die Sonne ist sein Schein.
Kraft gefüllt sind seine Brände,
wärmend, wohlig, stark und rein,
dass es ewig Leben spende,
soll uns reicher Segen sein.

Über Mauern

Ich kletter über Mauern,
die an Höhe verlieren.
Tanz unter Regenschauern,
die ganz plötzlich passieren.

Versilber meine Tränen,
die erst gestern geflossen.
Hab mit Blut aus meinen Venen
weiße Rosen begossen.

Ich springe über Schluchten,
die mich gestern verschlangen.
Was ich säte, ist am Fruchten
und Verkümmertes vergangen.

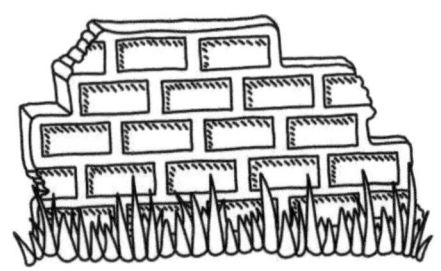

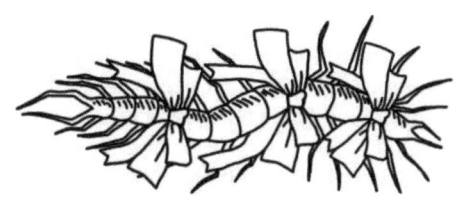

Mein Garten war verwittert,
heute ist er bunt am Blühen.
Gestern war mein Herz zersplittert,
jetzt vor Euphorie am Glühen.

Jede Säule war zerbrochen,
jeder Stein nicht auf dem andern
und ich hab mir fest versprochen,
werd nicht still stehn, ich werd wandern.

Aufstehn, auf zu neuen Zielen.
Nicht verkümmern, nicht versauern
und trotz Blasen und trotz Schwielen
werd ich klettern um mein Leben,
klettern über alle Mauern.

Spinnennetz

Seidenfäden glänzen schön im Sonnenlicht.
Wie ein Schleier legen sie sich auf die Sicht.
Funkelnd schöner Tau wird bald nur Nebel sein,
doch du ahnst es nicht, denn es wirkt klar und rein.

Hingezogen wie von einem süßen Duft
hängst du bald bedrohlich reglos in der Luft.
Doch noch merkst du nicht wie du gefangen bist,
wie du dich von innen langsam selbst zerfrisst.

Weil du in die Dunkelheit der Lüge blickst.
Dich in ihren Netzen immer mehr verstrickst,
bis dir deine Beine nicht mehr folgen wolln
und sich irgendwann ängstlich zusammenrolln.

Niemals wird die Spinne mit dir gnädig sein,
ihre Lügen sind wie ein aparter Wein,
der dich fügsam leicht in ihre Netze treibt,
wo sie sich dein Leben langsam einverleibt.

Der vereiste Garten

Schwere liegt in meinem Atem,
immer tiefer zieht mein Geist
sich zurück in einen Garten
in dem alles sich vereist.

Tiefer schaufle ich vergebens
auf der Suche nach der Saat.
Auf der Suche meines Lebens.
Was ich fand, war kalt und hart.

Fäulnis stieß mir da entgegen
als ich erst noch nicht verstand.
Was ich pflanze, soll doch leben,
doch nun war's grotesk und stank.

Und es schrie mir in die Ohren
und es weinte wie ein Kind.
Krallte in mich seine Sporen.
Mich durchfuhr ein kalter Wind.

Hilflos stand ich da und starrte.
Was da vor mir lag, war schlimm.
Töten wollt ich es, doch warte,
hätte es doch keinen Sinn.

Es war Grund für all die Kälte,
lies den Garten eisig glühn.
Da war etwas, dass ihm fehlte
um in Schönheit aufzublühn.

Etwas ließ den Samen faulen,
konnt nicht wachsen, nicht gedeih'n,
ließ ihn weinen, ließ ihn jaulen,
konnt nicht blühen, lies ihn klein.

Nun galt es herauszufinden
was verursacht, was verletzt?
Seine Wunden zu verbinden,
sehn was ihn in Schreck versetzt.

Sah das Leben in ihm schwinden.
Ließ das ungeliebte Kind
zwischen meinen Fingern winden.
Da merkt ich erst, es war blind.

Sein Gesicht durchfuhren Züge
und ich fand, was es verdarb,
eine wunderschöne Lüge.
Ich entriss sie und sie starb.

Furchterfüllt nahm ich den Samen,
nahm die Blindheit, dass er sah
und vergrub ihn tief im Warmen,
wo die Erde fruchtbar war.

Leichtigkeit liegt mir im Atem
und zurück zieht sich mein Geist,
aus dem einst gefror'nen Garten,
der nun aufblüht und enteist.

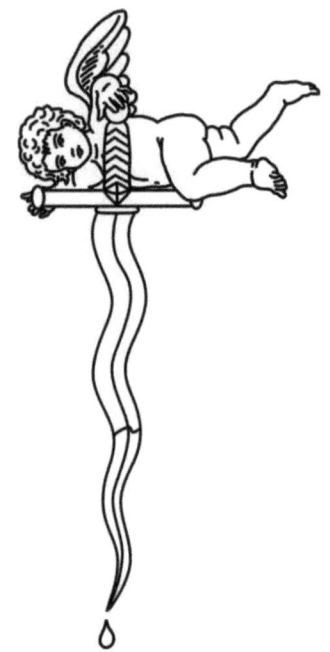

Engel

Ihre Worte befreien
was noch immer verharrte.
Und sie krönen und weihen
was verloren erstarrte.
Und sie trösten und heilen,
lassen mich von sich trinken,
lassen mich in sich weilen
und in ihnen versinken.

Die Melodie der Wahrheit

Die Schwere dieser Welt auf meinem Rücken.
Sie fällt mir auf den Fuß, liegt schwer im Bauch,
bringt mich zu Fall, erstickt mit ihren Tücken,
vernebelt meinen Geist mit schwarzem Rauch.

Ich falle in ein Bett aus welken Rosen,
durchlebe jeden Traum zum zweiten Mal.
Woran ich mich hab gestern noch gestoßen,
spielt heute keine Rolle, ist egal.

Aus meinen Schultern wachsen sieben Flügel,
vor mir ein Kelch, der bis zum Rand gefüllt.
Gefüllt mit jeder Schuld und jedem Übel
dem es nun zu entgegentreten gilt.

Es soll sich in mir keine Lüge laben.
Mein Blut soll Wahrheit durch die Venen ziehn
und nach der Wahrheit will ich eifrig graben,
in Ehrfurcht will ich vor ihr niederknien.

Als würde sich Geheimes in mir regen,
sie klingt wie eine leise Melodie,
als gäbe man mir einen stillen Segen,
der meinen Namen schon so lange schrie.

Bevor ich sprach, biss ich mir auf die Zunge
und blieb letztendlich dann doch lieber stumm.
Nun füll ich reichlich Luft in meine Lunge
und ruf die Wahrheit überall herum.

Ich schrei sie von den Dächern und den Bergen.
In ihr ist keine Spur von Neid und Groll.
Im Herzen mit der Wahrheit will ich sterben
und jeder wird mich hören, der es soll.

Innere Größe

Ich dachte, ich bin weniger als mehr,
nur warum war das Wenig dann so schwer?
Was ich nun fühle, ist eindeutig groß.
Erstrecke mich im schöpferischen Schoß.

Ich fülle jeden Raum mit meinem Sein
auf eine Art, die bodenständig rein,
in jeder Faser des Bewussten lebt
und trotz der Größe sich nicht überhebt.

Bewusst gemacht, was ich wohl wirklich bin,
herausgelöst vom irdisch kleinen Sinn,
das wahre Spiegelbild zum ersten Mal.
Ich bin der höchste Berg und tiefstes Tal.

Kein Schleier, der noch länger vor mir währt.
Ich tauche in mein Selbst, das Selbst mich lehrt.
Nicht länger soll ich vor mir selbst stehn blind.
Ich bin Erwachs'ner, Alter und das Kind.

Nur ein Gefühl, ein Satz, der sagt »Ich bin.«
So nichtig ist mir Ansehn und Gewinn.
In dieser Welt gibt's nichts, was für mich bleibt.
Was in mir lebt, ist größer als es leibt.

Blut der Erde

Blut der Erde tritt hervor,
öffne uns dein Höllentor.
Mit dem Regen fällt herab
Feuer, Asche, Stein und Blatt.

Tropfen, Rosenblättern gleich,
rote Rosenblätter weich.
Aus den Wolken niederbricht
Grau, verschlingend jedes Licht.

Die Welt blutet tiefstes Rot.
Gibt uns Leben, wir ihr Tod.
Asche ist, wo Wälder warn.
Aug' um Auge, Zahn um Zahn.

Siehe doch, sie ist in dir,
tief verbunden, du mit ihr.
Also ist das Blut der Welt
auch dein eigenes, das fällt.

Blut in Blut, es fault die Frucht.
Hilft kein Flehen, keine Flucht.
Pflanzt du einen bitt'ren Keim,
so pflanzt du ihn auch in dich ein.

Habgier

Auf einem hohen Berg, wer findet Atem?
So viel zu hoch zu stehn bringt keinem Glück.
Viel lieber sitze ich in meinem Garten
und lehne mich im Blumenmeer zurück.

So waren wir doch immer stets zufrieden.
Ich frag mich, wollten wir denn wirklich mehr
als hier im weichen Gras in Frieden liegen?
Doch das Gras grün zu halten, fiel so schwer.

Wir sollten uns bedacht zusammennehmen.
Ich seh in deinen Augen tiefe Gier.
Musst du dich, für noch mehr zu wollen, schämen?
Vielleicht liegt unser Glück schon vor der Tür.

Entdecken wir die Schönheit unsrer Seelen,
als säßen wir in einem Schloss aus Glas.
Drum weiß ich, uns wird niemals etwas fehlen
und alles, was ich wollt, ich längst besaß.

Verlerne und erlerne

Vergesse und erinner, verlerne und erlerne.
Versuche es zu ändern, wenn nicht, zu akzeptieren.
Du bist noch so viel tiefer, ein Kosmos voller Sterne
und wenn wir zu tief fallen, will ich dich nicht verlieren.

Vereine dich mit allem, in dem du spürst zu fliegen.
Behüte und beschütze, was tief in dir begraben.
Verfalle nicht den Mustern der irdischen Intrigen
und lerne auch im Rechten dich selbst zu hinterfragen.

Geerdet sollst du fliegen nach allen großen Siegen.
Beachte stille Worte, wenn alle Knochen stauchen
und trink von dem, was heilend, verstehe dich zu lieben.
Doch schenke auch den andren die Wärme, die sie brauchen.

Und wenn der Tag soll kommen, dann werde ich erwachen.
Durchhalle jeden Kosmos, mein lautes Wort wird tönen.
Am Ende aller Reisen in jedem Licht entfachen
und jeden, der es würdig, mit Licht und Liebe krönen.

Ein Stück Paradies

Ein scheuer Blick erhascht
in Gold schimmernder Seide.
Vom vagen Glück genascht
in endlos schöner Weite.

In meiner Hand zergangen.
Aus Sahne, Zimt und Honig,
verlor'n kaum aufgefangen,
ein Tropfen, warm und wohlig.

In kristallinen Seen,
ein bunter Regenbogen.
Ein Fall durch Klag' und Weh'n.
Ganz kurz bin ich geflogen.

Kein Schatten den ich werf.
Mit Harfensaitenklängen,
berührt es jeden Nerv,
lässt mich wohlwollend hängen.

Ein Stück vom Paradies,
es hat sich mir versprochen.
Für kurz mich atmen ließ.
Für kurz mein Leid gebrochen.

Elysium

Nun stehe ich hier voller Liebe
und fülle mit Freude das Tal.
In Mutter Naturs grüner Wiege,
umgeben von festlichstem Mahl.

Vor Pilzen, die Nebel besprühte,
bleib stehen und schweife den Blick.
Mit Perlen geschmückt jede Blüte
und Gold behangen mein Glück.

Zu Nächten sing ich in die Stille.
Die Sterne singen zurück,
mit ihnen im Gras jede Grille.
Mit Gold behangen mein Glück.

Der Apfelbaum

Den Wolken vertraut er zur rechten Zeit
seine Wurzeln mit Regen zu gießen,
um glückselig im Stummen zu sprießen.
Entfaltet im Blühen sein hölzernes Kleid.

Der Erde vertraut er auf festen Stand,
hat er erst einmal Wurzeln geschlagen,
um bald darauf Früchte zu tragen.
Seine Krone hat er in den Himmel gespannt.

Den Vögeln vertraut er in Frieden an
seine Zweige. Zum Nisten sie dienen.
Anvertraut seine Blüten den Bienen.
So wankt er umher in Gesumm und Gesang.

Der Wurm in der Frucht

Sie essen die unreifen Früchte der Bäume,
beschweren sich über den Wurm.
Sie hausen in Schlössern voll üppiger Träume
doch fürchten sich vor jedem Sturm.
Sie meinen, sie könnten die Stürme verbannen,
besitzen doch weltliche Macht.
So sind sie nicht fähig sie einzufangen,
vergehen in all ihrer Pracht.
Sie werden zu Bäumen, die Früchte bald tragen
und hat man Vergebung, Geduld,
dann wird man zu ihren Früchten sagen:
»Du trägst keinen Wurm, keine Schuld.«

Windspiel

Der Tau liegt in Steinen, so funkelnd und schön,
wie Rohdiamanten im wiegenden Grün.
Sie brechen das Licht, welches nicht anders kann.
Er zieht jeden Strahl in den funkelnden Bann.

Ein silberner Schleier, der angehaucht weich
vom Wind in der Wiese, die an Klängen reich.
Ein Windspiel ertönt in Tautropfen ganz leis.
Ein Klingeln und Klingen in Silber und Weiß.

Auf glitzerndem Tau liegt der Frühling im Gras
und spiegelt sich in seinem scheinhaften Glas.
Er spielt für den Frühling die Klänge erneut,
denn der hat den Tau einst in Wiesen verstreut.

Noch lauter erklingt nun so dankbar der Tau,
der Frühling, erfreut, hebt ihn ins Himmelblau
um ab heut in Wolken die Töne zu singen,
damit ihre Klänge noch himmlischer klingen.

Der Tau soll ab heute zur Erde nur regnen,
um Tiere und Menschen mit Wasser zu segnen
und silbern und glitzernd auf grasgrünen Wiesen
die Blüten und Pflanzen klangfröhlich zu gießen.

Feentanz

Kalte Flügel flattern durch Mohn.
Von Winden getragen, ein lieblicher Ton.
Ein Singen und Trommeln, im Fernen ein Licht.
Ich hör ihre Schritte, doch seh ich sie nicht.

Symphonien erfüllen die Luft.
Flieder und Lilien verteil'n ihren Duft.
Verblüffende Klänge durchhallen den Wald.
Sie klingen nach Jugend und gleichzeitig alt.

Kühler Abend, Leben erwacht.
Fremde Rhythmen beleben die Nacht.
Auf weichen Pilzen ein schimmernder Glanz.
Auf Umwegen führst du mich zum Feentanz.

Die goldene Abendstunde

Gold'ner Engel meiner Freuden
breite deine Flügel aus.
Hörst du nicht die Glocken läuten?
Schicke mir dein Kind hinaus.

Letzte Sonnenstrahlen singen
und verkünden mir dein Wort,
welches nun soll widerklingen
und vergolden jeden Ort.

Seidentücher über Hügel,
die bald gülden seicht verglühn.
Abendengel breit die Flügel,
selig sollst du weiterziehn.

In der Güte deiner Liebe
lässt du mich in deinem Licht.
Wie von einer Himmelswiege
blicke ich in dein Gesicht.

Schweren Herzens freigegeben,
nur ein letzter Kuss verbleibt
und zum ersten Mal im Leben
fühle ich mich wie befreit.

Ist mein Geist getaucht in Sorgen,
weil du viel zu früh doch gingst?
Nein, denn ich weiß, dass du morgen
wieder dort am Himmel singst.

Bring mich zum Mond

Im Fernen glänzt der letzte Strahl der Sonne.
Das nahe Glück befeuert mein Gemüt.
Mein Herz schlägt jeden Schlag mit voller Wonne
bis jener Strahl am Horizont verglüht.

Ein Funken von Glückseligkeit gegeben,
ein Hauchen in die Dunkelheit der Welt.
Wofür wir jeden neuen Morgen leben,
ist etwas, dass nicht schwindet, nie zerfällt.

Bei Tage wart ich auf den Schein der Sterne,
zu Nächten auf den ersten Sonnenstrahl.
An jedem Abend blick ich in die Ferne
bis jener Abend jenen Schein ihr Stahl.

Die Sonne wird erneut den Himmel färben.
Ich wart drauf, dass sie wieder vor mir thront.
Man sagt mir, was nie war, kann niemals werden,
doch irgendwann nimmt sie mich mit zum Mond.

Vom Mondschein erweckt

Aus kaltem Mondschein aufgetaut,
vernahm der Sehnsucht seichten Kuss.
Was in mir gläubig tief vertraut
weiß, dass es darf, nicht dass es muss.

Die Federflügel ausgebreitet,
umarmt vom Unschuldsrosendorn,
bin ich in Marmorweiß gekleidet,
mein Blick nun starr gelenkt nach vorn.

Und wie ich nun hier stehe still,
das ganze Zimmer eingenommen
mit meinem Sein in Samt und Tüll,
ist etwas in mir angekommen.

Ein Farbenmeer in negativ,
mein Geist getaucht in seine Wellen.
Noch war ich jung, doch so naiv
wollt ich mich jedem Riesen stellen.

Vom warmen Regen stolz erkiesen,
ein heller Stern am Himmelszelt.
Selbst wenn mich Freud' und Mut verließen,
hallt stets ein Weckruf durch die Welt.

Von einem vagen Traum erwacht,
ein Strahl vom kalten Mondenschein,
steh ich voll Stolz vor dieser Nacht,
will ich vollkommen menschlich sein.

Ein Blumenstrauß aus Sternen

Ein gold'ner Tag wächst leis heran
im klaren Licht der Wonne.
Mein bestes Kleid zieh ich heut an,
begrüß die Morgensonne.

Gewiegt werd ich vom Schlummerlied
der zierlich' Nachtigallen.
In mir ist Friede, Freud' und Lieb'
durch Herz und Geist gefallen.

Taglilien zart, vergänglich schön,
vor Himmeln, Honigbräune.
Von Süden weht ein warmer Föhn,
ich lieg im Grün und träume.

Mit weichen Wolken zugedeckt,
die Sonne schläft in Sternen.
Der Abend hat den Mond geweckt
und in mir Durst nach Fernem.

So wander ich in tiefster Nacht
durch königsblaue Seide.
Die Sterne führen mich bedacht
auf Sommergrün und Weide.

Bis ich auf Bergen hoch verharr,
das Sternenmeer erblicke.
Ich, hell erstaunt, der Körper starr,
die schönsten Sterne pflücke.

Ein Blumenstrauß aus Sternenlicht,
Glückseligkeit gegeben,
erhellt, voll Frieden, mein Gesicht.
Vollkommen ist mein Leben.

Blausaphir

Vorm Spiegel stand ich und ich dacht,
was ich da seh das hab ich gerne.
Da weint' ich Tränen in die Nacht,
sie funkelten wie Morgensterne.

Erst tanzten sie zum Reigenlied,
dann bildeten sie Sternenbilder.
Gesichter war'ns, vertraut und lieb
und ihre Augen war'n aus Silber.

Nun lagen sie zerstreut vor mir,
wie Flüsse flossen sie zusammen
und formten einen Blausaphir.
Ich wollt versuchen ihn zu fangen.

Ich sprang und griff nach seinem Licht,
er kam doch einst aus meinen Augen.
Da sah ich in ihm ein Gesicht,
er sprach: »Du musst nur an dich glauben.«

»Dann bin ich dein für alle Zeit,
will täglich dich mit Glanz erfüllen.
Von Ewigkeit zu Ewigkeit
dein Sein mit meinem Licht umhüllen.«

Und so erfüllte er mich ganz,
warm ruhend lag er mir in Händen.
Auf ewig wird sein blauer Glanz
mir Kraft und Mut und Frohsinn spenden.

Mein Name

Unter Sternen geh ich an den Rand der Welt.
Hoch geflogen, doch wer fliegt auch wieder fällt.
Meinen Namen schreib ich groß ans Firmament
bis er eingebrannt in Köpfen weiterbrennt.

Unter Schauern sitze ich im Sonnenlicht,
hoch im Himmel es sich in den Wolken bricht.
Meinen Namen flüster ich ins bunte Meer
bis er selbst die Farben füllt in was einst leer.

Unter weinend' Augen geh ich meinen Weg.
Hoch im Göttlichen ein Muster das ich leg.
Meinen Namen sehe ich in jedem Pfad
bis das Labyrinth das Muster offenbart.

Unter rohen Diamanten liegt mein Grab.
Hoch in Wolken ein Versprechen, das ich gab.
Meinen Namen schreie ich durch jede Schicht
bis aus toter Erde grünes Leben bricht.

Unter Rosen gab ich mich der Liebe hin.
Hoch im Fühlen gab ich meinem Namen Sinn.
Meinem Namen Sinn zu geben, war ein Ziel
bis am Rand der Welt ich flog, doch wieder fiel.

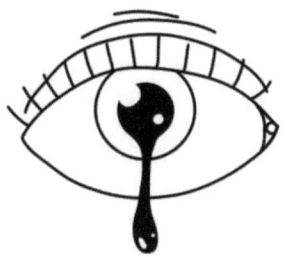

Im Auge des Sturms

Die Ruhe vor dem Sturm wird's sein,
das war nun lang mein Glaube.
Ein trügerischer Sonnenschein.
Ich sitz in seinem Auge.
O wilder Sturm, längst bin ich dein.

Sirenen

Ein regloses Meer in der Ferne.
Ein Ruf einem Erdbeben gleich.
Zwei Augen wie funkelnde Sterne.
So lieblich, so wärmend, so weich.

Es deucht mir, es rufen Sirenen,
ihr Singen betöret mein Ohr.
O Trauer, sie trinken die Tränen,
die ich über dich einst verlor.

Sie ziehen mich runter ins Nasse.
Mein Körper scheint schwer wie ein Stein.
Oh, wie ich das Wasser doch hasse.
Oh, blieb ich doch lieber daheim.

Ertrinkend voll Sehnsucht im Kalten.
Ach, wär ich doch nie fort von dir.
Hätt ich mein Versprechen gehalten,
läg' ich nicht im Tod, wär nicht hier.

Nun sagt mir schon was ich verdiene
und zeigt mir, wer ich einmal war.
Ich schwöre euch ewige Sühne,
am Meeresgrund kauernd und starr.

Die flüsternden Stimmen verhallen
als hätten sie niemals geliebt,
als würden sie ewiglich fallen,
als gäbs keinen Gott, der vergibt.

Früchte des Stillstands

Schaurig war es, düster, dunkel
und kein Licht war mehr zu sehn.
Weder Glanz noch Sternenfunkel.
Ich tat Schlimmes, ich blieb stehn.

Selbstaufhaltend stand ich klagend.
Steckte fest in meinen Trott.
Resignierend Wurzeln schlagend,
Wurzeln, die ich goss mit Spott.

Dann wollt ich bald Früchte tragen,
kaum gewachsen faulten sie.
Ich begann erneut zu klagen.
Was im Stillstand wächst, wird nie.

Selbst ein Irrlicht wär mir lieber,
lieber irr'n als still zu stehn.
Lieber frieren, Husten, Fieber,
als dem Tod ins Auge sehn.

Doch der Stillstand wurd so stille,
dass ich nicht mal atmen konnt.
Langsam regte sich ein Wille,
mein Gemüt schien wie besonnt.

Mach mich auf zu einer Reise,
auf zu einem Lebensritt.
Nur weil ich nun stakig, leise
mich getraut zum ersten Schritt.

Glasmensch

Fragilität zieht an dir Strippen.
Ich seh dich an und du zerbrichst.
Voll Liebe küss ich deine Lippen.
Was du erlebtest, war nicht nichts.

Die Luft der Nacht in deinen Lungen,
der Duft der Nacht durchströmt dein Herz.
Von Leid und Lieb' hast du gesungen,
vom Leidensweg und Liebesschmerz.

Als Glasmensch wurdest du geboren.
Ein Seelenkind zu zart zum Sein.
Gingst in der Welt so schnell verloren.
Du warst aus Glas, sie waren Stein.

Mit Buntglas flicktest du die Wunden,
durchleuchtet von des Mutes Lichts,
hast du in dir ein Heim gefunden.
Was du erlebtest, war nicht nichts.

Gib mir deinen Trost

Sag mir, es wird alles in Ordnung sein.
Ich will nach Jahren wieder Farben sehen.
Ich bin nicht schuldig und mein Wort ist rein.
Atme tief ein und bleibe träumend stehen.

Sag mir, es wird wieder getanzt, gelacht.
Der blaue Mond wird in dem See versinken.
Die Nacht wird Tag und der Tag wird Nacht,
so werden wir Milch und Honig trinken.

Sag mir, das Leben ist nicht nur ein Spiel
und auch die Sonne wird noch Morgen scheinen.
Ganz gleich wie hart oder tief ich fiel,
wenn du mich tröstest, dann will ich weinen.

Phönix

Ich bin das Feuer, das ich wählte,
ich tauche in die Flammen ein.
Gibt mir die Stärke, die mir fehlte.
Aus einem Kiesel wird ein Stein.

Es regt sich tief in meinem Wissen,
erquickt den Geist und macht mich groß.
Es hat dem Mut die Angst entrissen
und legt sie in den Funkenschoß.

Die Flammen machen mich bewusster,
ich weiß, wozu ich fähig bin.
Mit Blut mal ich mein Lebensmuster,
mit Gold mal ich den Lebenssinn.

Was in mir kämpft, gleicht einem Drachen,
der Funkenflug und Asche trägt
und speit mit Stärke aus dem Rachen,
wenn man mit mir den Kampf erwägt.

Aus einem Sperling wird ein Phönix,
aus einem Mann ein großer Held.
Ich trag die Worte eines Königs
und kämpf mit Schwertern dieser Welt.

Der Samen

Unter Füßen wächst in Stille,
tief in Dunkelheit begraben,
schöpferische Mächte tragen,
kleiner Samen, großer Wille.

In der Kälte, Turbulenzen,
durch die Erde ziehen Beben.
Aus den Schatten sprießen Leben,
starke, reiche Existenzen.

In den Dunkelheiten ruhen
Samen, die in Schwärze leiden
bis sie sich vom Dunklen scheiden.
Wachsen raus aus Kinderschuhen.

Raus gewachsen in die Strahlen,
wärmend schenkt die Sonne Frieden.
Blüten aus den Samen wiegen,
in die Winde Farben malen.

Aus den Dunkelheiten keimen
Farben, die im Licht verstreuen.
Musst die Dunkelheit nicht scheuen,
du darfst trauern, wüten, weinen.

Deine Tränen werden gießen
alle Samen tief in Erden,
in der Schwärze rastlos werden
und Veränderung kann sprießen.

Nur aus Leid kann Freud' entstehen,
aus der Dunkelheit erwecken,
hoch zum Licht sich auszustrecken
bis wir neue Samen säen.

Siegerherz

Aus Blut und Sarg entstiegen
verstand ich, was es heißt,
zu kämpfen um zu Siegen,
wenn mich das Leben beißt.

Es ist etwas ganz Neues,
was mir noch nie geschah.
Noch zaghaft, etwas Scheues,
im Nebel noch nicht klar.

Zur gleichen Zeit so traurig
und doch so wundervoll.
Verwirrend, fast schon schaurig,
doch frei von Angst und Groll.

Gewiss gesiegt zu haben
ist, was mich weinen lässt.
Die Tränen heilen Narben.
In mir beginnt ein Fest.

Mein Herz schläft unter Sternen
in dieser schönen Nacht.
Hab so viel noch zu lernen,
doch auch schon viel vollbracht.

Befreit von meiner Seelenlast,
die brennend auf den Schultern schlief.
Ein nervig unerwünschter Gast,
ich schrieb ihm einen Liebesbrief.

Treibholz

Vom Wind umhergetragen
treib ich auf Wellen weit.
Die Tiefen ewig klagen.
Ich mich in Unschuld kleid.

Auf Oberflächen reisen,
ein jeder find' sein Ziel.
Sich Meere stets vereisen,
im festen Griff mein Kiel.

Ich Treibholz steck inmitten
dem größten, tiefsten Meer.
Hab mich auf ihm verritten.
Das Leben fällt mir schwer.

Umringt von Existenzen
steck ich im Eise fest.
Regiert von Turbulenzen
das Meer mich gehen lässt.

So bleib ich ewig hinten,
das andre Treibholz vorn.
Vergebens ist's zu sprinten,
für sie bin ich verlor'n.

Ich treib zu andren Strömen,
werd unvertraut bewegt.
Die andren ächzend stöhnen,
man wird zurecht gesägt.

Doch auf der andren Seite
treib ich im Kosmos frei.
Geformt vom Strom, ich gleite
am Bild der Welt vorbei.

Das Treibholz mag bald stranden
am weißen Glitzerstrand.
Wo immer es wird landen,
wird's sein in guter Hand.

Unkraut

Die Welt erdrückt mich mit ihren Intrigen
und hätte ich Flügel, würd ich ihr entfliehn.
Ich will mich nicht beugen und mich nicht verbiegen,
ich schüttle es ab, um weiter zu ziehn.

Der Himmel weit offen, doch fühl ich mich bitter.
Ein flüchtiger Stern am Himmel verrät,
was in mir hochkommt gleicht einem Gewitter,
das in mir fauliges Unkraut sät.

So rupf ich es raus, um wieder zu lachen,
doch die Welt überwuchert mein Beet,
erdrückt mich erneut, verhindert erwachen,
zerstört alles, was ich einst gesät.

Nur ein kleiner Samen, der konnt überleben,
seine Wurzeln grub er durch die Welt.
So brachte er sie zum Zittern und Beben,
nichts konnt dazu führn, dass er fällt.

Hoch in die Wolken hob er seine Zweige
und überschattete jedes Land.
Das Unkraut der Welt ging bitter zur Neige,
zerging im Wind zu Asche und Sand.

Und in den Zweigen des Baumes singen
die Vögel des Himmels ihr friedvolles Lied.
Sie fliehen nicht trotz ihrer fähigen Schwingen
und auch ich saß dort im Schatten und blieb.

Der Zorn der Welt

Du wurdest geboren, um zu leben,
um der Welt dein Licht zu geben.
Doch wurdest du von ihr verschlungen.
Dein Lachen und Jubeln sind verklungen.

Deine Gebete wurden leiser,
deine Worte klangen heißer.
Du wolltest fliehen von der Welt,
die dich auf ihr gefangen hält.

Als man dich fand, warst du ein Kind.
Klagerufe getragen vom Wind
erreichten bald einen gütigen Geist,
der dir den Weg nach Hause weist.

Und wenn du rennst, dann rennt er schneller,
wenn du leuchtest, strahlt er heller.
Er fällt tiefer, wenn du tief fällst,
hält dich fester, wenn du festhältst.

Für die Welt warst du verloren.
Aus Grabeserde neu geboren,
gehst du auf unbekannten Pfaden,
vom gütigen Geist behütet getragen.

Und wenn du sprichst, macht er dich weise.
Wenn alles zu laut ist, ist er für dich leise.
Verschlingt dich die Welt, dann spuckt sie dich aus,
dann findet er dich und bringt dich nach Haus.

Die Heilung der Welt

Jeden Morgen möchte ich begrüßen
und den Tag nehm ich mit Freude an die Hand.
Jeden träumerischen Abend möcht ich küssen
und zu Nächten reis ich in ein fernes Land.

Jedem Schmetterling ein liebes Wort zuhauchen
und berühr in jedem See mein Spiegelbild.
In die tiefe jeder Seele möcht ich tauchen
und zerbrechen jedes Schwert und jedes Schild.

Jeden Sonnenstrahl mit meinen Händen fangen.
Jeder Regenschauer sickert in mein Herz.
Doch so vieles ist geschehen und vergangen,
lies zurück, in jeder Seele, großen Schmerz.

Ist die Welt dann irgendwann erneut am Brennen
werd ich nicht verstummend nur daneben stehn,
werd mich hüten vor dem Feuer wegzurennen
und den Flammen resolut entgegengehn.

In den Flammen werde ich den Morgen grüßen
und den Tag nehm ich mit Rückgrat an die Hand.
Jedes Feuer in der Abendstunde küssen
und zu Nächten lösche ich's in jedem Land.

Jedem Schmetterling werd ich die Flügel richten
und dem See sag ich, er soll beim Feuer sein.
Wenn sich dann die Flammen endlich langsam lichten,
pflanz ich Sonnenstrahlen in die Asche ein.

Die Liebe der Welt

Ich verließ meinen Orbit, um ihr zu begegnen,
so verliebte ich mich in die Welt.
Sie ließ es blitzen und stürmen und regnen
und tanzte mit mir übers Feld.

Sie blickte mich an mit tiefblauen Augen,
ich badete in ihrem Blick.
Ich aß ihre Feigen und Kirschen und Trauben
und gab ihr die Kerne zurück.

Ich pflanzte sie ein und die Welt ließ sie sprießen
und gebar mir ein lebendes Kind.
So wurden wir eins und schweben und fließen,
wieg mich mit den Blüten im Wind.

So fühl ich mich sicher, sollt' ich jemals fallen,
denn ich falle stets in ihre Hand.
Geschmückt mit Pilzen und Moos und Korallen
und weich ist ihr gütiger Strand.

Im Abendrot schlafend, ließ mich von ihr treiben,
sie deckte mich liebevoll zu.
Im Schatten der Bäume wollt ich bei ihr bleiben.
Kam auf ihren Auen zur Ruh.

Es ist ihre Liebe, die ich absorbiere
und einmütig ist unser Geist.
Wenn ich mal den Blick zu den Sternen verliere,
schützt sie mich, wenn alles zerreißt.

Umspült mich mit Freude wie warme Geysire.
Es ist die Schönheit, an die ich glaub
und weil wir doch eins sind, besitze ich ihre,
obgleich bin ich nur Asche und Staub.

Ein Tropfen Vertrauen

Ich nahm mein Herz in meine Hand
und hob es zu den Sternen.
Ich wollt, dass es Vertrauen fand,
um Misstrau'n zu verlernen.

Von einem Stern ging aus ein Licht,
ein seichter Himmelsfunken.
Er tropfte mir auf mein Gesicht
und schon war ich versunken.

Für eine Weile schwebte ich
in seiner warmen Fülle,
die einer guten Mutter glich
und rein war wie die Stille.

Von einem Vorwurf keine Spur,
kein Zweifel in den Blicken,
kein zwielichtiger Eid noch Schwur,
kein Kopfschütteln, ein Nicken.

Und ich kann kommen, wie ich bin,
du schenkst mir frischen Odem
und ohne Schranken, her und hin
und schreien, wüten, toben.

Mich lehnen weit hinaus zum Tor.
Euphorisch sorglos schweben
und tat ich Unrecht je zuvor,
weiß ich, du wirst vergeben.

An deiner Schulter schlaf ich ein,
wenn Wölfe um uns kreisen.
Bei dir darf ich verletzlich sein
und brauch nichts zu beweisen.

Nun sah ich auf zum Sternenzelt
und sah es Funken regnen.
Mein Herz in Höh', der Regen fällt.
Wenn's will, so soll's mich segnen.

Unendlichkeit

Wo sich für dich die Tore schließen,
werd ich mit Blut die Rosen gießen,
denn Blut ist Leben dieser Welt,
die dich mit Liebe an sich hält.

Wo vor dir alle Wege enden,
halt ich dich fest an deinen Händen
und führe dich stets querfeldein.
Du siehst es nicht, Glück ist längst dein.

Wenn alle Uhren stehenbleiben
und die Gedanken um dich treiben,
weck ich in dir ein kleines Licht,
das in dir jede Mauer bricht.

Wenn alle Früchte faulig liegen,
Hilflosigkeit und Starre siegen,
säe ich dir neue Samen ein,
sie sollen ewig tragend sein.

Dort wo die Jahre dich verfehlen
und lange Tage dich nur quälen,
im Leben keine Hoffnung siehst,
du stetig vor dir selber fliehst.

Wo dich die Tiefen fest verschlingen
und Raben Trauerlieder singen.
Wo jede Träne dir nur schmerzt
und deine bunte Seele schwärzt.

Dann bin ich dort im tiefsten Leiden,
dort kann ich Angst von Hoffnung scheiden
mit meinem Flügelschlag allein.
Ich will im Leid dort bei dir sein.

Und wenn die Mauern dich erdrücken
und Ängste immer näher rücken,
dann sag ich fest mit Sicherheit:
»Du lebst in der Unendlichkeit.«

An meiner Seite

Halte mich in deinen Armen.
Wache über meinen Leib.
Pflanze für mich einen Samen.
Schneider mir ein goldnes Kleid.

Wecke mich am frühen Morgen,
wenn mein Kummer nicht mehr ist.
Löse mich von Angst und Sorgen.
Warne mich vor Trug und List.

Stehe mir im Schmerz beiseite.
Flüster friedvoll in mein Ohr.
Führe meinen Geist ins Weite.
Liebe mich wie nie zuvor.

Leg mein Schreien in die Wiege.
Wasch mich rein von Schuld und Schmutz.
Sieg für mich, wenn ich nicht siege.
Gib der Seele einen Schutz.

Lasse meine Füße laufen.
Ebne meinen steinig' Pfad.
Lass mich salben, krönen, taufen.
Stütze mich, wenn ich versag.

Hüte meinen Traum zu Nächten.
Heile was noch immer schmerzt.
Trenne gut' von bösen Mächten.
Scheuch hinfort was rächt und schwärzt.

Lass den Körper nicht vergehen.
Lass die Seele nicht voll Wut.
Lass den Geist dein Licht verstehen.
Zeig mir, wie es ist, ist's gut.

Löse meine Schuld auf

Ich bin der Baum, den du nun fällst,
bin der Verbrecher, den du stellst.
Ich trage Schuld, ich trage Scham.
Dacht, ich wär reich, doch bin ich arm.

Ich bin die Frucht, die bald verfault,
bin wie ein Hund, der kläglich jault.
Ich trage schwer, erdrückend Last.
Dacht, ich wär rein, bin's nicht mal fast.

Ich bin das Eis, das langsam schmilzt.
Ich bin ein Säugling, den du stillst.
Ich trage Furcht vor deinem Zorn.
In meinem Auge steckt ein Dorn.

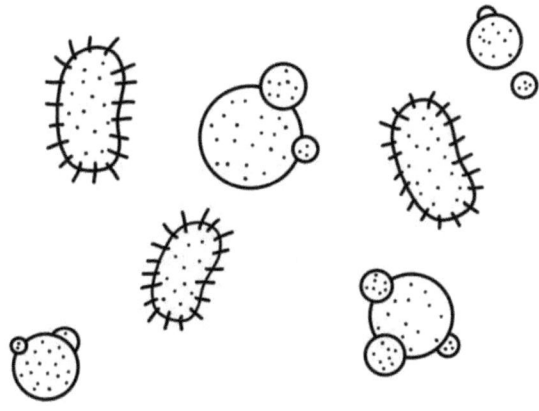

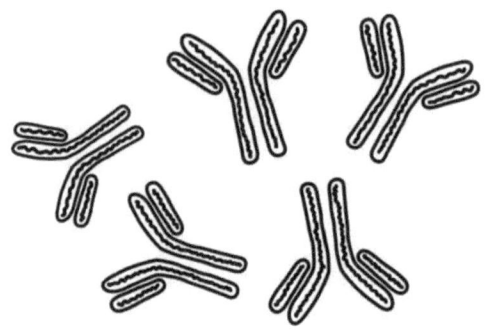

Ich bin ein Stern, der bald verglüht,
wie eine Rose, die verblüht.
Ich trage Wut und andren nach.
Dacht, ich wär stark, doch bin ich schwach.

Ich bin das Meer, nur ohne Flut.
Du gabst mir Seele, gabst mir Blut.
Ich trage Gift in meiner Haut.
Ich schreie auf und ruf dich laut.

Du formst Gedanken und Gesicht,
führst mich durchs Dunkle, machst mir Licht.
Du trägst Vergebung und Geduld,
löst auf in Nebel meine Schuld.

Vollkommen

Ich sehe mich und mir wird klar,
vollkommen stand ich immer da
im Schatten meiner Schmerzgespinster.
Nun lass ich Licht zu dem, was finster.

Aufs Neue zünde ich ein Licht
und spür, wie meine Zunge spricht.
So bring ich in mir zum Erwachen
aus Flammenkraft erwachten Drachen.

Er macht bewusst, was in mir liegt,
was kämpft im Kampf, verliert und siegt,
was nicht mehr konnte, nicht mehr wollte,
letztendlich doch gewinnen sollte.

Und was ich spreche, ist ein Ziel
von starkem Willen und Gefühl.
Was zu mir findet, soll mich leiten
wie Wörter über Bücherseiten.

Und Wörter, die gelesen laut,
in jede Zeile man vertraut,
ein neuer Sinn soll sich erschließen.
Aus Totem neues Leben sprießen.

Ich sehe mich und mir wird klar,
vollkommen stand ich immer da.
Vollkommen stehe ich im Kalten
und kann mich endlich selbst warmhalten.

Zurück zum Kern

Beschreib das Blatt neu, welches du schöpfst.
Krön deinen Kopf, welchen du köpfst.
Trink deinen Kelch, bis auf den Rest.
Lass dich los und halte nichts fest.

Sprich kein Wort, bis du rein denkst.
Verlange nichts, bis du selbst schenkst.
Dann driftest du fort und alles, was bleibt,
ist jenseits von Ort und Wissen und Zeit.

Und alles, was war und alles, was wird
liegt im Verlieren, Verlust, der dich führt.
Er führt dich zu einem fernen Stern,
zurück zum Leuchten, zurück zum Kern.

In deinen Händen

Ich lege mein Leben in deine Hände,
vollkommen sollst du mich ergreifen.
Ich will unter Druck und Wehen und Brände
entschlafen, erwachen und reifen.

Ich gebe dir Freiheit, mich bitter zu formen,
erprobe mich bis auf die Knochen.
Verbind mir die Augen, wirf mich in die Dornen.
Mein Leben hab ich dir versprochen.

Es soll dir kein Stück, doch alles gehören
und alles will ich für dich geben.
Sie soll'n mich vergiften, verführen, betören.
Leg in deine Hände mein Leben.

Echo

In einem Leib aus Asche und Staub
treibt meine Seele durch seichte Gewässer
und was ich denk und was ich glaub,
ist niemals schlechter oder besser.

Ich warte darauf, dass man mich ruft.
Mein Name steht schon lang in den Sternen.
Mein Geist gefüllt mit taufrischer Luft
und ist gewillt, aufs Neue zu lernen.

Im Wind der Zeit bin ich nur ein Korn,
ein Staubkorn, welches sich hingibt zu sterben
und immer wieder beginn ich von vorn
und leg ein Muster aus all meinen Scherben.

Ein Muster, das summt und stumm verklingt,
in Hoffnung es würde bald widerhallen.
Ein Echo, das meinen Namen singt,
dass Berge und Türme zusammenfallen.

Im warmen Luftstrom treib ich voran.
Aufs Neue wird man mir das Leben schenken.
Das Echo wird rufen und singen und dann
wird es meine Seele in Weihrauchöl tränken.

Ich bin wir

Obwohl ich jeden Stein umdrehe
und jedem Fingerzeig nachgehe,
steht mir das Ziel, nach dem ich strebe,
stets selbst ein jedes Mal im Wege.

Steig tiefer in mein Grab die Stufen,
hör schon die Tiefen hämisch rufen,
sie rufen, dass mein Weg vergebens
und ich nie froh werd meines Lebens.

Doch ich bin wir und wir sind viele,
so gibt's nicht eins, doch viele Ziele
und viele Wege, die mich führen
hin zu Portalen, Äthern, Türen.

Die Steine, die ich nun umdrehe
und Fingerzeige, die ich sehe,
sind nun mit Gold rundum gesegnet,
das jeden Weg mir traulich ebnet.

Kissen

Lege mich in weiche Kissen
zwischen Wunden, die mein sind.
In der Ruhe deiner Arme
war ich immer schon dein Kind.

Dann lieg ich in Kissen ruhend,
gibst mir Wasser, gibst mir Brot.
Jeder Funke von dir lehrt mich,
ich bin Leben selbst im Tod.

Meine Lider werden schwerer,
Schlafen ist der letzte Akt.
Hältst mich fest in deinen Armen,
reglos, schön, verletzlich nackt.

Du singst ewig in die Stille
und die Stille wird zum Freund.
In den Kissen meines Lebens
liegt mein Körper starr und träumt.

Träumt vom schönsten aller Gärten,
Wolken, Blüten seidenzart
und die Seele geht auf Reisen
wie sie's doch schon immer tat.

Entschlafen

Glückseligkeit wird nun dein Heim
und selig sollst du ewig sein.
Was gestern war, ist heut vergangen,
ein neuer Tag will dich empfangen.

Bewusst, dass Seelen ewig sind,
bist du ein lang geliebtes Kind.
Von vielen Seelen auserkiesen,
sollst du im Fluss des Lebens fließen.

Von deinen Ängsten sei befreit,
gekrönt wirst du mit Herrlichkeit.
Kein Schatten darf dir länger folgen
und was einst farblos, glänzt nun golden.

Die Welt war kalt, dein Klagen leis,
gekleidet bist du unschuldsweiß.
In seinen Armen darfst du weinen,
um dann in Schönheit neu zu scheinen.

Kein Klagen ist nun weiter dein,
kein Leid soll dir Begleiter sein,
kein Zorn soll dich noch länger strafen.
In Licht und Liebe ruhig entschlafen.

Zurücklassen

Ein kalter Windzug streift mein Kleid,
durchdringend meine Seele,
Entscheidung, die ich wähle,
verlasse ich voll Glück den Leib.

In dunkler Erde ruht mein Herz,
mein Geist nun in der Höhe,
vom Irdischen entflöhe.
Kein Klagen mehr, kein Seelenschmerz.

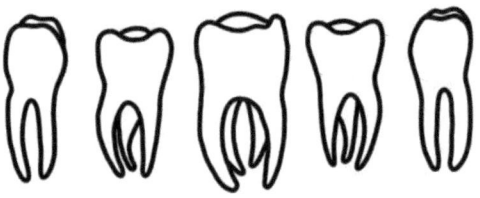

Vom stillen Wort empfind ich Freud,
ein Rufen in der Ferne
vom hellsten aller Sterne,
empfängt man mich, vom Tod zerstreut.

Metamorphose

Langsam kriechend durch mein Leben,
saß ich eines Tages dort,
wo gerade und doch eben
meine Brüder war'n nun fort.

Ausgeflogen war'n sie lange,
ich als Jüngster blieb zurück
und ein Kuss auf meiner Wange
und ein letztes Kuchenstück.

Ihre Kokons wiegten leise
mein Verlangen in dem Wind,
auch zu gehn auf diese Reise.
Neuerfindung, wer wir sind.

Losgelassen nur in Kürze,
was nun eingepuppt verstarb.
Lernen, leben, tausend Stürze,
bis ich dann vor Neuem lag.

Und das Neue sprach in Zungen:
»Mach dich frei und schaffe Raum,
Staub befreit sind deine Lungen,
neu genäht ein fester Saum.«

»Lege ab die Leidenskleider,
deine Angst, die Wut, die Scham.
Eingeschränktes wird nun weiter,
was einst kalt war, wird nun warm.«

»Was verschlossen, aufgeschlossen,
was versteinert, atmet auf.
Ausgetrocknetes gegossen,
was gefallen, steigt herauf.«

Nach achthundertachtzig Jahren
streckte ich mich nach dem Licht
und Erfahrungen gebaren
eine klare neue Sicht.

So geschah es ganz willkürlich,
ich entfaltete mein Sein,
meine Flügel ganz natürlich,
jeden Fühler, jedes Bein.

Und nach weiteren drei Tagen
flog ich in die Nacht empor.
Ich begann mein Glück zu jagen
und war nie mehr wie zuvor.

Neugeboren

Meine Füße waren blutig,
als ich sterbend vor dir stand.
Mitten zwischen Tod und Leben
hab ich mich in mir verrannt,
als ich sterbend vor dir stand.

Meine Knochen war'n gestaucht,
als ich strauchelnd vor dir fiel,
in ein Grab gefüllt mit Maden
und vergessen war mein Ziel,
als ich strauchelnd vor dir fiel.

Meine Sehnen war'n verkürzt,
als ich kauernd vor dir lag.
Unvermutet gleich gestürzt,
grad geboren, schon im Sarg,
als ich kauernd vor dir lag.

Meine Augen war'n erblindet,
als ich betend vor dir saß,
du mein Leichentuch verbranntest,
länger war mein Fleisch kein Aas,
als ich betend vor dir saß.

Meine Freude wurde etlich,
als ich neugeboren war,
aus der Asche auferstanden,
nanntest meinen Namen klar,
als ich neugeboren war.

Suchen und Finden

Gewiegt im Licht der Ewigkeit,
vom schwarzen Schleier mich befreit,
mein blutend' Herz in deinen Armen,
nennst du voll Liebe meinen Namen.

Nur einen Funken lehrt dein Blick
der Illusion, die ich nenn Glück.
Die Ruhe ließ mich längst verstummen,
denn ich bin Durst, doch du mein Brunnen.

In der Unendlichkeit in mir
gibt es kein Ich, es gibt ein Wir.
Vergangenheit schien nie so nah
und uns're Zukunft nie so klar.

Wenn ich dich frag nach Sinn des Seins,
dann werden hundert Seelen eins.
Es gibt etwas, das uns verbindet
und jeder, der dich sucht, dich findet.

Der innere Geist

Die Ruhe gleicht dem inn'ren Geist
und hebt in sanfte Wogen.
Der Nebel ist verzogen.
Versteinert, reglos, wie vereist.

Vergessen scheint das traute Leid,
Erinnerungen rufen,
wie unter starken Hufen,
geschwemmt ans Ufer, lebt und schreit.

Erlernte, was geduldig lacht.
Gefangene sind alle
in ihrer eignen Falle.
Geschwindigkeit, die träge macht.

Im Kind erstreckt sich weites Land,
den Kosmos unter Füßen.
Wir dürfen stets begrüßen,
was wir nicht woll'n, doch zu uns fand.

Erlebte Liebe wartet schon,
am Horizont erschienen.
Ein jeder mag verdienen
der eignen Liebe größten Lohn.

Der Schlüssel zum Glück

Auf silbernen Schwingen möchte ich reiten,
bis zum Mond und zur Sonne hingleiten.
Lass meinen Geist über Täler schweben.
Lass ihn vom Wind in die Wolken heben.

Dort möchte ich frei über allem Fliegen
und frei von Trübsal freilich lieben.
Dort vor die Tore des Himmels treten
und voller Frohsinn singen und beten.

In goldenen Flüssen möchte ich schwimmen.
Mein Feuer entfacht, soll's brennen nicht glimmen.
In Schönheit soll jede Faser erstrahlen
und jedes Wort Gemälde malen.

Dann bin ich zu Haus und finde mich wieder
und was ich glaube zu sein, leg ich nieder
und jede Rose, die ich pflück,
wird in meiner Hand zum Schlüssel zum Glück.

Die zwei Kelche

Ich gehe umher auf der Erde und suche
und finde Herzen voll Angst und voll Zorn.
Aus Ängsten und Sorge, dass man sie verfluche,
folgen sie Strömen, beginnen von vorn.

Ich blicke in ihre vertrauten Gesichter,
die in dieser Welt jedoch namenlos sind.
Die Welt, das Gericht und sie sind der Richter,
doch sind sie zum Richten nicht etwas zu blind?

Und eigentlich scheinen sie bitter verloren
und wissen nicht mal, was sie tagtäglich tun.
Sie werden mit Frieden im Herzen geboren.
Die Welt will keinen Frieden, sie will Reichtum und Ruhm.

Man hat ihre Kinderherzen genommen
und pflanzte in jeden die gleiche Saat,
doch jene Saat ist verdammt zu verkommen,
schließt ihre Herzen und macht sie hart.

Ich möchte mich jedoch nicht länger beschweren,
in jedem von ihnen steckt doch nur ein Kind.
Ein Kind, das sich niemals wusste zu wehren.
Fürs Licht der Welt wurd's taub und blind.

Es versucht nur, wie jeder durchs Leben zu reisen,
verirrt sich im Suchen nach ewigem Glück.
Erwacht erschrocken in Teufelskreisen
und findet allein nicht wieder zurück.

Ich halte bereit einen Kelch voller Liebe
für jede Seele in Sucherei.
Doch für die Verlorenen innerer Kriege
halt ich nicht einen, sondern zwei.

Versprechung des ewigen Lebens

Beine und Füße tragt mich in die Ferne.
Finde ich Ruhe in düsterer Zeit?
So lausche ich in die Stille und lerne.
Ich bleibe wachsam und halt mich bereit.

Meine Seel' mit Perlmutter umschlossen.
Erricht einen Brunnen, wo dein Wort fließt.
Mein Herz hab ich in ihm ausgegossen,
damit etwas Neues nun in mir sprießt.

Feuer und Wehen hat er längst vernichtet,
Tränen und Kriegen nahm er ihr Gewicht.
So wurde ein neuer Brunnen errichtet,
der jedem das ewige Leben verspricht.

Reißfest eingenäht

Wolken wiegen sanft das Morgenlicht.
Sonnenstrahl, der durch die Wolken bricht.
Ruhiges Lächeln spiegelt mein Gemüt,
Sorge in Vollkommenheit verglüht.

Auf der nächsten Tür ruht stets mein Blick.
Lernen um zu lehren ist mein Glück.
In dem Atemzug steckt jede Macht,
die tief in der Leere ruht und wacht.

Himmelskleid gewebt aus Sternengold,
nimm von mir was bitter, ungewollt
immer noch verankert in mir wohnt.
Hebe mich zur Sonne und zum Mond.

Nur ein Kuss, der still auf meiner Stirn,
reißfest eingenäht in feinem Zwirn,
ewiglich mir die Gewissheit gibt,
dass wer tot noch lebend immer liebt.

Auf deinen Wegen

Aus Erde wurden wir geboren,
zur Erde kehren wir zurück.
Aus vielen hast du mich erkoren
und schenktest mir ein Stückchen Glück.
Mein Mund war stumm und taub die Ohren
und dunstig schien mein trüber Blick.
Ich wusste, ich bin nicht verloren,
denn du gabst mir von dir ein Stück.

Und dieses Stück, das sollte brennen,
wenn alles um mich rum entgleist.
Da kam die Flut und statt zu rennen,
stand ich im Stillen wie vereist,
begann mein Ich von mir zu trennen
und legte es in deinen Geist.
So lernt' ich deine Liebe kennen.
Folg jedem Weg, den du mir weist.

Auf deinem Weg ist die Welt stille,
mit deiner Güte reich gefüllt.
Kein lauter Ruf, kein starker Wille
könnt schaffen, dass ich ungewillt
vor deiner Führung mich verhülle
und plötzlich aufnehm Schwert und Schild
und wie ein Löwe um mich brülle
und um mich schlage blind und wild.

Ich bat die Engel zu verkünden,
dass meine Liebe ewig währt.
Wenn sie die ganze Welt anzünden,
bleib ich dank dir doch unversehrt
und dort, wo alle Flüsse münden,
hast du Geduldigkeit gelehrt.
Die Sünder rennen zu den Sünden
und ich such Schutz bei deinem Schwert.

In deinem Arm liegt meine Freude,
in deiner Liebe ist mein Heim.
Voll Dankbarkeit gib ich mein Heute.
Auf Gestern lag ein schwerer Stein.
Für morgen sorgst du aufs Erneute
und so wird es für immer sein.
Wenn ich am Himmelstor dann läute,
geh ich in deine Gärten ein.

Dein Kind

Im weißen Licht der Sonne lieg ich in deinem Arm
und jeder weiß, dass ich nicht anders kann.
Erblindet war mein Geist, ich war sprachlos, ich war lahm
und alles war ergraut und ohne Klang.

Du gibst mir deine Kelche, die ich nun trinken darf,
vielleicht ist es dann morgen nicht mehr kalt.
Du nimmst mir all die Schande, die mich zu Boden warf,
nicht länger ist sie mehr in mir verkrallt.

Zu Wasser wird mein Körper und alles, was ich bin,
ich lebe wie ein reißend freier Fluss.
Auf deinen Wegen fließ ich und finde meinen Sinn.
Auf ewig liegt auf meiner Stirn dein Kuss.

Am Ende steh ich vor dir, bereite dir Empfang,
denn jeder weiß, dass ich nicht anders kann.
Bunt ist nun meine Seele und überall Gesang.
Nun stehn wir hier, wo alles einst begann.

Jetzt blüht ein bunter Garten im schöpferischen Schoß.
Nach all dem bin ich immer noch dein Kind.
Ich kletter in die Bäume und schlaf im weichen Moos
und stolz bin ich, dass wir so menschlich sind.

Euphorie

Düster war der Anfang meiner Tage.
Die Sonne war verfinstert, so der Mond.
Durch Gassen hallte während Totenklage
und über allem war's die Dunkelheit, die thront.

In der Dunkelheit erblühte bald ein Samen,
auf ihn regnete es dreißig Tage lang.
Weil er anders war, gab ich ihm einen Namen,
ihn umgaben Licht und lieblicher Gesang.

Aus ihm blühte eine reiche Chrysantheme,
dessen Licht erreichte bald auch jeden Ort
und es floss durch jeden Nerv und jede Vene
und ich aß von seinem süß schmeckenden Wort.

Es umspülte meinen Geist mit einer Freude,
die ich nie zuvor in dieser Art empfand.
Es verbanden sich das Gestern, Morgen, Heute
und durchfuhren meine Seele, Herz, Verstand.

Aus der Blüte fiel ein Schlüssel mir in Hände
und er öffnete in mir ein weites Tor.
Verschwunden waren Schranken, Schlösser, Wände
und die Freiheit hob mich engelsgleich empor.

In der Fülle dieser Freude existierend,
wie von etwas Göttlichem berührt,
wie von Augen eines Keruben fixierend,
war ich vollkommen von Euphorie verführt.

Ich streckte mich hinaus zur gold'nen Sonne,
berührte ihr ätherisches Gesicht.
Meine Äste wuchsen weit und trugen Wonne,
auch sie streckten sich aus zum Sonnenlicht.

Ich pflückte und ich aß von meinen Zweigen,
die Früchte schmeckten süß und machten satt.
So saß ich da, verträumt im stillen Schweigen,
erinner mich wie's einst begonnen hat.

In dem Moment fühlt ich mich neu geboren,
als jemand, der nicht weiß, wie Sehnsucht brennt,
als jemand, der noch nie ging je verloren,
als jemand, der den Schmerz der Welt nicht kennt.

Vollkommen war ich von dem eingenommen,
was anfangs nur ein kleiner Samen war.
Als hätte ich den höchsten Berg erklommen,
als war ich blind, doch nun sehe ich klar.

Ein ganzer Garten wuchs aus diesem Samen,
gefühlt hab ich in dieser Art noch nie
und weil er anders war, gab ich ihm einen Namen
und dieser Name lautet »Euphorie«.